DIESES BUCH

GEHÖRT

1

2

3

4

5

6

7

8

9

10

11

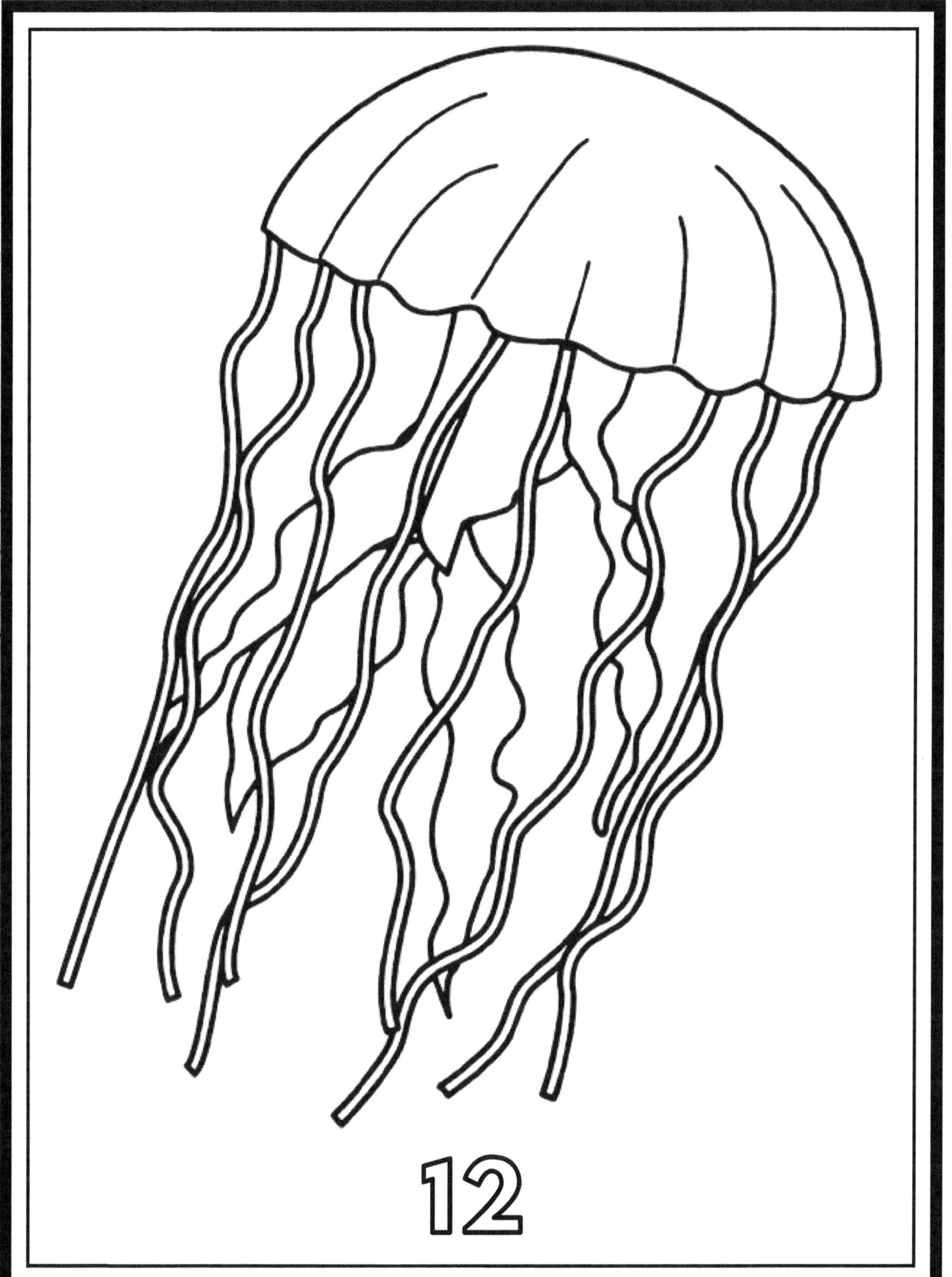

12

13

14

15

16

17

PIRANHA
18

19

20

21

22

23

24

25

26

27

28

29

30

31

32

33

34

35

36

37

38

39

40

41

42

43

44

45

46

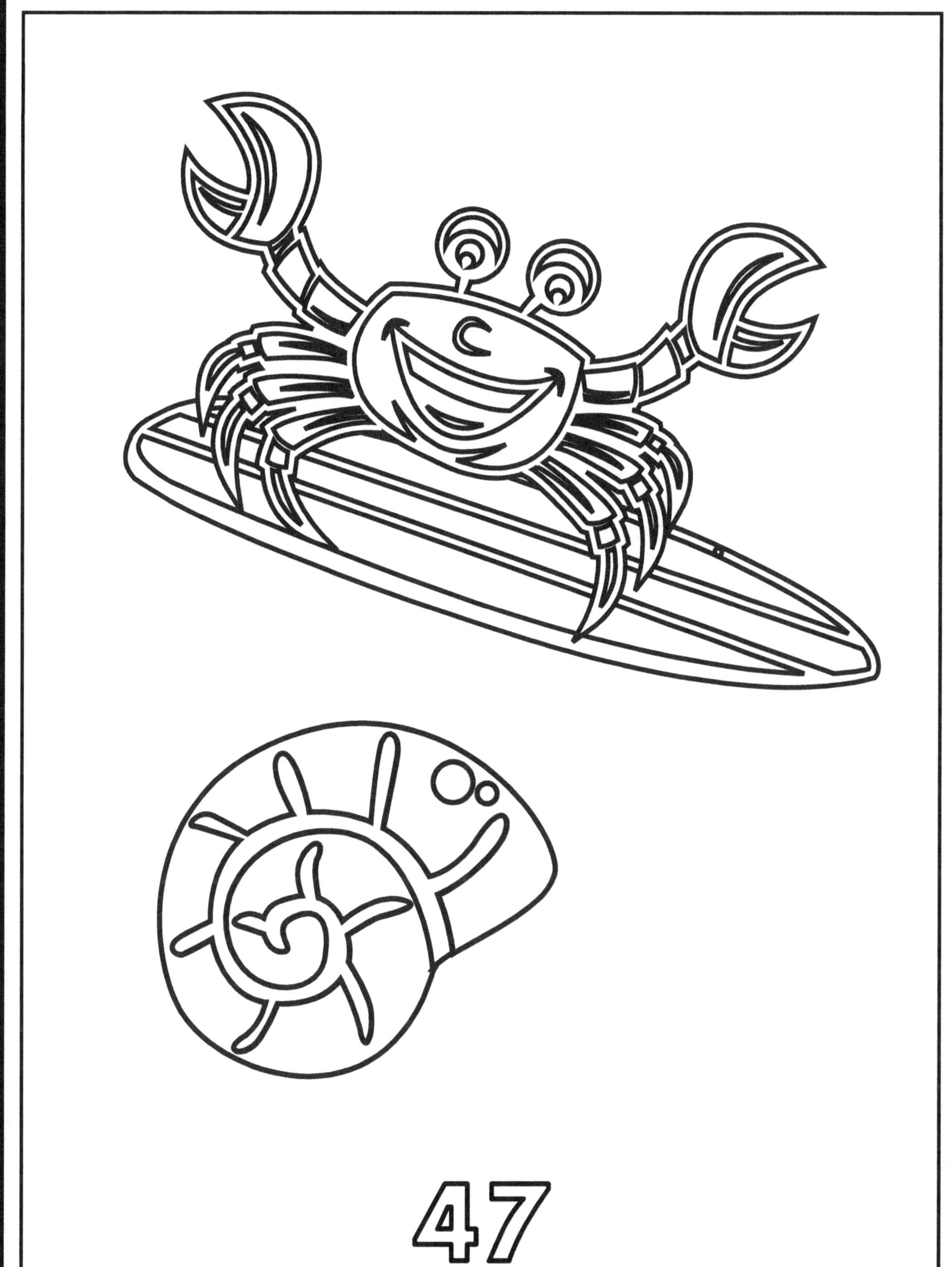

47

48

49

www.ingramcontent.com/pod-product-compliance
Lightning Source LLC
Chambersburg PA
CBHW080000180726
48002CB00020B/2875